Manipulation

Wie wir manipuliert werden

Pepe Luisa

Verlag: BoD · Books on Demand GmbH,
Überseering 33, 22297 Hamburg,
bod@bod.de
Druck: Libri Plureos GmbH,
Friedensallee 273, 22763 Hamburg
ISBN: 978-3-7693-9787-1

«Die Gedanken der Gerechten sind gerecht, aber die Ratschläge der Gottlosen sind trügerisch.» Manipulation mangelt es oft an Empathie und Mitgefühl und sie Handeln als bloßes Mittel zum Zweck.

Sprüche 12,5

Bedeutung und Herkunft des Wortes Manipulieren

Das Wort Manipulieren setzt sich aus dem lateinischen zusammen manu – Hand und plerefülle also wörtlich Handvoll, etwas in der Hand haben.

Manipulation ist ein bewusster, gezielte Einfluss auf Menschen ohne deren Wissen und oft gegen ihrem wollen!

Es gibt zwei Arten von Manipulationen, wir befassen uns eher mit der Zweite

Die eine ist die unbewusste Manipulation, das geschieht ohne jeglichen schlechten und trügerischen Gedanken. Was ich euch noch erläutern möchte, wir Manipulieren uns Tag täglich gegenseitig, aber wir merken es nicht, weil es in unserem unbewusste geschieht. Also eine unbewusste Manipulation liegt vor, wenn eine Person oder Gruppe beeinflussen, ohne uns der Ursache voll bewusst zu sein. Das heißt das Wort, taten und Einstellungen andere, ohne dass wir unserer Überzeugungskraft benötigen oder vollkommen bewusst sind vor allem, dies zu mindestens nicht rational zu beabsichtigen.

Jetzt gehen wir ein Schritt weiter und kommen zu der bewussten Manipulation und die kann mehr als schädlich sein. Seid, ihr bereit also schnallt euch an und kommt mit auf der Reise der Manipulation.

Merkmale des Manipulators

Die Eigenschaften:

Druck

Angst

Schuldgefühle

Sie erschleichen dein Vertrauen

Sie haben eine passive -aggressiven verhalten

Sie üben die Behandlung der Stille

Sie ergeben sich als Opfer

Sie bevorzugen auf ihr eigenes Terrain zu spielen

Sie verdrehen oder sagen dir die halbe Wahrheit

Sie rationalisieren dein Verhalten

Ich beschreibe euch jetzt zwei Beispiele:

«Sara du kommst seit Monaten nicht mehr, mit mir spazieren. Du könntest zumindest am Samstag mit mir zum Weihnachtsmarkt kommen.»

Erkennt ihr die Merkmale einen Manipulator?

Es geht immer voraus das der Manipulator sein Zweck erfüllen will, aber er spricht es nicht klar aus er führt den Gesprächspartner zu einer Entscheidung, die wesentlich frei aussieht, aber es nicht ist. Bei Sara hat es zwei offensichtliche Merkmale Druck und Schuldgefühle werden hier ausgeübt.

Obschon Sara schon auf der Zunge ein Nein hat, sagt sie ja aus dem Grund: Sie fühlt sich schuldig, weil sie ihren Freund Oliver vernachlässigt hat, und zusätzlich unter Druck gesetzt wird von ihrem Freund, eine Entscheidung zu treffen Sara wäre nämlich lieber zu Hause geblieben und hätte ein gutes Buch gelesen.

Denn zweiten Beispiel stammt von der Aussage von einem nicht auserwählten italienischer Präsident während der Pandemie.

«Wenn ihr euch nicht impft, dann werdet ihr Krank und sterben und könntet euren Grosseltern gefährden.»

In diesem Satz sind drei Merkmale verwickelt
Angst, Schuldgefühle und Druck,
Der Manipulator will dich zu einer gewissen
Handlung führen. Und unter uns diesen Satz hat
in Italien sehr gut gewirkt, wenn wir denken und
wohlgemerkt, dass sich 80 bis 90% der italienischen Bevölkerung sich impfen lassen hat.
Also eine Zusammenfassung: Die Manipulation
ist eine Strategie dem gegenüber Gesprächspartner sein Bedarf und Wünsche zu erzwingen,
indem er dich vor allem in Angst Schuldgefühle
versetzt und Druck ausübt.
So eine Manipulation kommt auch vor, wenn
man etwas kaufen möchte, zum Beispiel ein
Haus oder bei jeglichem Kauf oder Dienstleistung Verträge. Mein Rat ist dazu, liest den Ver-

trag genau durch lässt euch Zeit, oder noch besser schläft eine Nacht darüber. Versucht auch das klein gedruckte zu lesen, dort verbirgt sich meistens der Schaden die ihr kriegt. Kennt ihr die Strategie von der Kaufaktionen die 10Cent oder 5Cent? Die Marktforschung hat sehr schnell gemerkt, wie sie die Kaufkraft sich vergrößert lässt, wenn sie diese Strategie anwenden, Meisten werden die Artikel so angepriesen, das nie zu einem vollen Betrag kommt, zum Beispiel 100 Franken oder 20/10 Fr. nein man setzt eher auf 9.95 oder 9.45 Fr. wisst ihr warum? Weil für den Käufer ein voller Betrag zu teuer erscheint und es nicht kaufen würde. Aber wenn es auf 19.90 Fr. / 99.95 Fr. angepriesen wird, kauft es eher diesen Artikel ein, weil es einem nicht teuer vorkommt. Er kauft es ein und geht auch glücklich Nachhause und freut sich für das Schnäppchen, das er gekriegt hat.

Es gibt verschieden trügerische Aspekte mein Rat hier ist, schaut euch diese Aktion gut an, ob sie Wirklich sich auszahlen lässt, guckt euch den Preis und die Menge an und dann wägt es ab, ob es sich lohnen würde diese Aktion zu kaufen oder nicht.

Als wir klein sind

Unser Gehirn prägt sich vieles ein, während wir klein sind. Und im Erwachsen Leben können gewissen Ereignissen uns verfolgen und Problemen verursachen.

Es fängt schon an, als wir das Licht erblicken auf der Welt. Die Säuglinge fangen an ihre Umgebung zur erkunden, dann die Farbe und die formen, bis sie heranwachsen und anfangen schon ein paar Wörter zu sagen, meisten die ersten sind Mama und Papa. Und die zwei Menschen werden für uns bis wir volljährig werden für unser Wohlergehen sei körperlich und physisch verantwortlich sein. Also ganz einfach, sie werden zu unseren Vorbildern.

Kinder gucken sich alles ihre Eltern ab, sprichwörtlich sie Saugen alles auf wie ein Schwamm, sei gute Sachen und auch schlechtes. Kein Elternteil ist vollkommen! Gewohnheiten oder Handlungen übernehmen es unsere Eltern von ihren Eltern, sie waren schließlich auch einmal klein. Diese Handlungen und Denkweise wiederum wirst du es übernehmen von deinen Eltern sei das Denken, Handlung und Verhalten. Wisst ihr noch die Zeit, wo man euch gesagt hat, wenn du die Hausaufgaben nicht machst, darfst du nicht am Nachmittag mit deiner Freundin spielen. Oder wenn du jetzt nicht schläfst, kommt jetzt der böse Wolf und nimmt dich mit. Obschon unsere Eltern gut gemeint hatten, haben sie uns Manipuliert, als uns zu erklären, warum es gut ist die Hausaufgaben zu machen, oder dass wir dann am Morgen nicht frühzeitig aufstehen werden für die schule, weil wir zu müde sein werden.

Dann kommt die Zeit, die dir die Religion vorgeschrieben wird, du musst dieses Glauben. Und dann kommst du in die Schule, die dich fast neu erzieht, was du zu denken hast sei, politisch geschichtlich oder über dem Klimawandel und heute lassen sie es auch nicht aus sich einzumischen in die Sexualität. Im Grunde genommen in der Schule wird deine Persönlichkeit geformt. Also im Großen und Ganzen dort wirst du manipuliert, was du zu denken hast und zu glauben. Einmal die Schule beendet, fängst du die Ausbildung an. Die Ausbildungsstätte oder Lehrmeister sagen dir dann was du zu denken hast. Später dein Arbeitgeber und dazwischen auch die Institutionen und Politik. Und dein halbes Leben hast du vergessen zu denken und zu hinterfragen, weil sie dir das nicht gelernt haben!

Zaun der Wahrnehmung

Was ist Wahrnehmung?
Es ist die Fähigkeit Informationen über die
Sinne zu verarbeiten und ihr ein Sinn zu ge-
ben.

Heute sind wir in einem Kontext, dass wir viele
Dinge um uns herum nicht sehen, den größten
Teil der Menschen laufen auf der Straße und haben ihren Augen auf dem Handy gepeitscht.
W/er hat letzte Woche von euch einmal nach
oben geschaut zum Himmel?
Wie war er blau, gab es weißen Streifen oder
war er sogar grau?
Leider holt uns der Alltag uns immer wieder ein,
wir haben nie Zeit für uns, die Problemen über-
häufen sich, die Sorgen wachsen, sei Finanziell,
Familie Arbeit und den Haushalt, sodass wir uns
wenig Gedanken machen, was um uns herum
geschieht, wir Leben einfach dahin, vertieft in

unseren Sorgen. Die großen Mächte wollen es so, weil wenn wir weniger sorgen hätten, würden wir sehr wahrscheinlich Wahrnehmen, das wir Sklaven des Systems wären. Keiner oder sehr wenige stellen infrage, ob die Institutionen, nachdem rechten und gutem Handeln, weil wir schon von klein auf vorprogrammiert worden sind, dass zu glauben, was sie uns sagen und glauben lassen wollen. Habt Ihr gewusst das, sobald wir auf der Welt sind und unser Name registriert haben, gehören wir dem Staat?

Stellt dir vor einen Zaun und dieser Zaun ist das System auch Matrix genannt. Wir leben in diesem System und bewegen uns frei sind nicht angebunden. Doch die Frage ist, sind wir wirklich frei, wenn wir uns nur in diesem Zaun uns bewegen können?

Das Ummauern macht, dass es uns verfolgt, verunsichert und verlangsamt tief in der Wahrnehmung! Dabei absorbieren wir den Schutz der Täuschung der Matrix.

Die Matrix ist eine Virtuelle Realität, die unseren alltäglichen Leben simuliert. In diese Scheinwelt fühlt sich alles, was wir tun, real an. Wer in der Matrix stirbt, stirbt auch in der realen Welt. Aus der Matrix kommt man nicht heraus, heute wäre es unvorstellbar man müsste Leben wie unseren UR-Vorfahren.

Aber wir müssen wieder zu unserem ICH selbst zurückkommen!

Wir sollten wieder lernen zu spüren, was richtig und falsch ist. Stelle dir Fragen, hör auf deinem Bauchgefühl meisten liegt es richtig, was er dir vermitteln will. Sei aktiv, forsche nach, gib dir die Chance. Nur die Wahrheit macht dich Frei!

Für den Teich zu reinigen, von dessen Bewusstsein brauchst du den Mut deine Hände dreckig zu machen.

Aber für diese große Mauer zu entreißen, braucht es viel Arbeit mit sich selbst und sehr wenige nehmen es auf sich, diesen Weg zu gehen. Das würde deine Welt umstellen, du müsstest viele Wurzeln entwurzeln viele Tränen gießen und viel Unglauben spüren, aber wenn du diesem Weg gehst, wirst du viel Licht und Liebe sehen, weil Gott bei dir sein wird und dir den Weg zeigt. Der Weg des Glaubens und Wahrheit. *Es hat kein Wert was sie dir glauben gelassen haben, aber was du damit morgen tust!*

Subliminale Manipulation

Subliminal ist eine absolute und durch Signale unterschwellige Reize
(Botschaft) die man dir vermitteln will. Sub bedeutet unter und limen schwelle, kommt vom Lateinischen her. Was man verstehen muss, ist, dass, dass Bewusstsein nicht überschrittet wird, daher Bemerken es die Menschen nicht, weil es unter der Bewusstes Wahrnehmung ist. Das ist eine freiwillige Technik der Kommunikation die ganz gezielt, geplant vorgeht, um die Personen eine Reaktion vorzurufen und eine (Antwort) zu generieren, die dies im Normalfall nicht machen würden.

Gaslighting

Diese Art von Manipulation haben wir während der Pandemie erlebt. Gaslighting ist ein englisches Wort und heißt Gaslicht. Es ist eine subtile manipulative Form des Emotionales Missbrauch. Und eine psychologische Gewalt, dass es dazu bringt die eigenen Gefühle, Gedanken und Wahrnehmungen nicht mehr zu Vertrauen und schnürt an der Realität.
Diese Art von Manipulation ist verbunden mit Lügen oder falsche Informationen zu verbreiten um Macht zur erlangen oder sie zu befestigen.

Eine andere Technik der Manipulation war auch vorhanden während der Pandemie die, der Wiederholung. Durch Wiederholung einer oder mehrere Aussagen machen uns die Wahrheitseffektwiederholung dies zu glauben auch eine falsche Aussage. Weil je öfter wir die gleichen Aussagen hören, desto eher neigen wir sie zu glauben, dafür sorgt unser Gehirn. Erinnert euch in der Pandemiezeit die Aussagen in den Geschäften? Die liefen in Sekunden Takten und sie sagten; immer das gleiche, ein Meter Abstand zu halten, ja genau das ist die Wiederholung Manipulation!

Das, was mich verwunderlich macht ist, dass ein grosser Teil der Menschen hat, gelernt eine Nachricht so genau zu wiedergeben wie sie gesagt oder geschrieben wurde, ohne jegliches Persönliche oder Hinterfragtes Aspekt. Nach dieser Pandemie haben wir mehr Papageien als je gezüchtet wurden!

Überredung / Überzeugung

Bei der Subliminale geht es um unterschwellige Signale aber bei der Überzeugung geht es um sprachliche Überredung und die Technik heißt Neurolinguistische Programmieren (NLP) und ist eine Ansammlung von Methoden der Kommunikation Techniken. Mit dieser Methode versucht man auf Psychische ebene die Abläufe zu beeinflussen.

Diese Methode wird angewendet von Redner, Manager, Politiker und Prominenten.

Diese zwei Methoden werden auch in der Werbung angewendet und das Fernsehe ist ein eifriger Benutzter diesen zwei Methoden der Manipulation

Die Medien Manipulation

Diese viereckige hypnotische Kiste (Fernsehe)
es reicht nur, das man mit dem Daumen auf die
Fernbedienung drückt und dein Leben wird von
dieses Bestimmt!
Wenn ihr das liest, ist es schon krass, oder?
Ihr werdet Staunen wie sie tagtäglich uns Manipulieren durch Werbung, Nachrichten und Filmen!
Sie haben bei der Werbung Bausteine gesetzt,
vor allem uns vorgedrängt was man Trinken, essen und was man ist und soll, sein. Aber es geschieht Subliminal also unterschwellig und auf
eine subtile Art. Ihr müsst wissen, dass der Fernsehe aber auch andere Geräte laufen auf Fre-
quenzen. Beim Fernsehe laufen die auf Millisekunden von einem Bildwechseln auf dem anderen, aber das wesentliche ist es läuft auf Herzfre-
quenz Alfa Wellen. Diese Wellen haben einen

Beruhigenden und entspannte Wirkung auf unserem Körper. Also du denkst tendenziell weniger analysiert nicht mehr so viel. Im Alfa Zustand befindet sich dein Gehirn in einem leichten meditativen hypnotischen Zustandes. Die Hypnose ist ein Verfahren zum Erreichen eine Hypnotische-trance, das heißt das die Ansprechbarkeit des Unterbewusst, wie auch die Konzentration auf eine bestimmte Sache stark erhöht ist, und die Kritikfähigkeit des Bewussten gleichermaßen reduziert.

Wie ich oben schon angedeutet habe, laufen die Bildwechsel auf eine Millisekunde und wisst ihr was geschieht auf Millisekunden von einem Bildwechsel zum anderen? Mittendrin des Films taucht eine Fastfood-Kette mit einem Hamburger angezeigt oder ein beliebtes Getränk usw. Aber es ist so subtil, dass es schwierig ist es zu sehen.

Jetzt ein Beispiel: Ihr schaut, fernsehe auf einmal bekommt ihr Hunger oder sagen wir so euer

Gehirn strahlt das Signal Hunger, was geschieht in eurem Unterbewusstsein?

Er gräbt das Bild heraus aus dem Unterbewusstsein, dass Millisekunden Bild von einem Hamburger oder Pizza zum Beispiel!
Man hat nachgeforscht das während dieser Ausstrahlung
oder in kürzere Zeit eine verdoppelte Kaufkraft entstand. Verblüffend, oder?
Die Kirsche auf der Torte ist, dass es alles auf die Emotionale ebne abläuft!

Bei den Filmen entsteht eine Vorprogrammierung also einfach gesagt sie bereiten uns vor auf etwas das geschieht oder geschehen soll, Monaten oder Jahren voraus, dass müsst ihr Wissen, nicht ein Tag auf den anderen Jahren im Voraus. Und aus universellen Gründen müssen sie es uns das sagen damit wir es Verinnerlichen können und wir das Abstempeln können als vollkommen normal. Also so geht, unser Gehirn vor er nimmt es auf und er verinnerlicht und macht es seins. Und sobald so etwas geschieht in unserem Alt tägliches Leben was macht unseres Gehirn? Er betrachtet es als Normal ohne es zu hinterfragen, im praktischen Sinn haben wir es schon vorher geschluckt. Ich will euch ein Beispiel erzählen was real geschehen ist: Letztes Jahr 2024 am 30, Oktober in Valencia Spanien gab es eine große verheerende Überschwemmung mit Toten.

Im August 2024 im gleichen Jahr wurde ein Film veröffentlicht, bei diesem Film wurde haar-scharf beschrieben eine Überschwemmung in Spanien sogar die gleiche Ortschaft mit der ge-nauen Anzahl an Quadrat Kubik Meter abgeflos-senes Wasser erstaunlich, oder?

Zwei Monaten später geschieht das! Dieser Film heißt atemlos. Also was geschehen muss verpa-cken sie es dir in Filmen und Serien ein. Vor al-lem nur das, was sie wollen, dass du es wissen musst! Mit dieser Art der Propaganda machen sie sich leicht das, dass Schafs Volk alles akzeptiert, was einem vor der Nase geworfen wird.

Leider leben wir in eine Komplexe Welt das man so weit ist, dass man nicht unterscheiden und erkennen kann was real oder nicht ist, im Grunde genommen befinden wir uns in einem The Trumann Show Regisseur Peter Weir aus dem Jahr 1998.

Wenn ihr ein Film anschaut, versucht es zu Filtern, was sie euch wirklich vermitteln wollen, es gib eine ganz bestimmte Übung versucht es einfach einmal euch in Stichwörter dies aufzuschreiben es muss nicht unbedingt Sätze sein, was ihr denkt, dass sie euch Mitteilen wollen. Anschließend nachdem Film lass es dir durch den Kopf gehen und fragt dich, was das bedeutet und ob es für dich nach deinem Ermessen richtig oder falsch ist, das gilt auch für Nachrichten. Damit schulst du dein Gehirn sich damit auseinanderzusetzen und zu hinterfragen. Nach einer gewissen Zeit machst du das automatisch, ohne es nötig zu haben es dir aufzuschreiben.

Habt ihr gedacht das die Kinder verschont werden? Nein, und wieder einmal nein. In den Zeichentrickfilmen, Games und Kinderfilmen werden viele suggestive und subliminale Nachrichten vermittelt und es geht fast immer um sexistische Suggestionen warum das denn? Diese Frage werden ich euch beim nächsten Abschnitt erklären so gut es geht und dabei muss man das ganze weit herausholen. Seid ihr Bereit!

Was sie mit dem Erreichen wollen

Habt ihr mal nachgedacht, warum die Kinderrate
so tief ist? Das Erste, was ihr denkt, und da bin
ich mir sehr sicher, dass ihr sagt; weil finanziell
es nicht mehr möglich ist, weil den Lebensstan-
dard zu hoch ist. Und ich gebe euch auch recht
damit, aber das ist nicht der einzige und absolu-
ten Grund. Und jetzt denkt ihr was hat alles mit
den suggestiven sexistischen Sachen zu tun mit
dem, was ich euch im oberen Abschnitt beschrieben habe? Ihr werdet es später verstehen
es hat viel damit zu tun!
Als Erwachsene Personen kann man nicht viel
an sich verändern. vor allem das haben wir auch
beim Zaun der Wahrnehmung festgestellt, ausser
man ist diesen Weg bereit zu gehen. Als erwachsene Wesen sind wir schon geformt, aber unseren kleinen nicht und oh ja unseren Mächten
(Elite) wissen das auch!

Ersten wollen diese Mächte und ich erkläre euch später ein bisschen über ihnen, also was wollen sie? Sie wollen eine Spaltung das Familienbild Mutter, Vater und Kinder das ist das übliche Bild, das man als Familie nennt. Doch um etwas zu rechtfertigen, müssen sie auch ein Grund benennen.

Was sie herausposaunen ist, dass wir zu viele Menschen auf der Welt sind. Darum was machen sie, sie vernichten mit ihrer Heuchelei das Familienbild. Und meine Frage wer kann das Bestimmen niemand ist zu viel auf der Erde wie sie behaupten, es hat für jeder Platzt! Das Universum und der Allmächtige sorgen auf der Erde für Gleichnisse. Wie ihr schon festgestellt habt sie stellen sich immer über den Allmächtigen, der alles weiß und regelt!

Also was machen sie? Sie greifen unsere Kinder und rufen ins Leben die Gender Propaganda

Was ist das Gender / Fluid (Flüssig? Gender ist ein englisches Wort und der Begriff steht für sozialen Geschlecht. Damit ist eine Geschlechterrolle gemeint. Das, was sie erreichen wollen oder in der Tat schon lange begonnen haben den Kleinen zu einem durcheinander zu bringen was gemeint ist; wenn ein Mädchen sich nicht als Mädchen fühlt, kann sich auch als Junge definieren und wiederum auch das umgekehrte. Es kommt soweit das sie sich die Geschlechtsteile operieren lassen können. Oder in sich beides fühlen (Fluid). Was das Schlimmste ist ein Mädchen oder ein Junge in den Jungen Jahren kann es noch nicht verstehen und eine solche Entscheidung treffen. Mit sieben bis achtzehn Jahren wissen sie noch nichts, sie müssen sich erst entfalten. Und mit dieser Gender Bewegung können sie unseren kleinen einen unermesslichen psychischen Schaden richten. Die Serien und Filme für Jugendliche aber auch für Erwachsen werden so gestaltet mit dieser Gender

Bewegung wohlgemerkt das Fluid (Flüssig) es werden immer so suggestive Andeutungen gemacht. Es geht sogar weiter das in den Schulen so etwas befürwortet wird und in den Lernplan eingeschlossen wird. Aber dieser Ort sollte die Jugendlichen schützten von solcher Vulgarität, oder? Der Sinn von dieser ganze Propaganda ist wie gesagt das Familienbild kaputt zu machen und dementsprechend werden auch weniger Kinder auf die Welt kommen.

Doch weil sie uns in dem letzten halben Jahr mit dieser Gender Propaganda uns erheblich bombardiert und terrorisiert haben, sind viele Eltern durchgedrungen so etwas nicht zu akzeptieren und jetzt schauen sie die Schule mit Argus Augen an und es ist auch gut so! Es läuft auch einen gewissen Grad zurück auch deswegen, weil es eine aggressive Propaganda war und sie es nicht feinfühlig ausgeteilt haben, somit haben die Menschen sehr schnell gemerkt das, das nicht normal ist. Ein weiteres Argument ist das, was sie in den Zeichentrickfilmen setzen, nämlich, (suggestiv) Geschlechtsteile Bilder, die manchmal nicht einmal ein Erwachsen bemerkt. Oder wollen wir darüber sprechen, was sie sonst in der Welt hinaus sprechen: Dass unsere kleinen nicht Angst sollten haben, wenn ein Erwachsen Mensch ihnen an der Schulter anfasst, wohlgemerkt fremder das ist fein ausgedruckt. Er will dich nichts Böses! Da kann ich nur sagen Oje. Und das ist der beste Weg, um Pädophilie zu befürworten Schande!

Unseren Lieben Journalisten Nachrichten

Ein guter Journalist ist der, der ein Geschehnis überprüft und recherchiert auf Genauigkeit und wahrheitsgetreu am Volk wiedergibt.

Nach eurer Meinung gibt es noch von denen? Nein tut mir leid von denen gibt es keine mehr, das wäre wie eine Nadel zu suchen im Heuhaufen! Natürlich gibt es frei berufliche Journalisten, die dies tun, schließlich werden sie nicht vom Staat oder Organisationen bezahlt, meistens verdienen sie ihr Brot mit liebevollen Menschen, die eine Spende geben, um wahrheitsgetreuer Nachrichten zu erhalten. Die meisten Journalisten Agenturen werden vom Staat und privaten Gesellschaften finanziert. Und somit müssen sich denen fügen und das Schreiben, was ihnen vorgetragen wird, sonst würde sie den Geldhahn zugeschraubt bekommen oder bis zur Schließung dieser Agenturen Führen. Einer die führenden Mächte sitzt in Amerika und hat ganz Amerika und Europa unter seinen Fittichen, Krass, oder? Heute wird das gute Schreiben von einem Journalisten nicht mehr gemacht, meistens ist es eine Agentur die Nachricht bekommt jeder andere Agentur kopiert es hinterher, recherchiert wird es eher sowieso nicht mehr gemacht! Und bei den Nachrichten im Fernsehe oder Radio gilt des gleiches.

Eine große Übung haben sie darin Archivierte Kriegsbilder nach ein paar Jahren aus dem Archiv herauszunehmen und das gleiche Bild gilt möglicherweise für den Krieg in Syrien Afghanistan. Dann siehst du das gleiche Bild von einem Bombenanschlag in Afghanistan, fünf Jahre später findet das gleiche Bild in Syrien statt. Unter uns nicht einmal kreativ sind sie! Ein klareres Beispiel ist am Anfang der Pandemie; das Bild mit den vielen Särgen in dieser Lagerhalle, sollten darstellen die viele toten von Coronavirus.

Tja diese Bild stammt von einem Schiffumbruch von Asylanten in Lampedusa am 03. Oktober im Jahr 2013 es waren 370 Toten. Und hier fehlt mir das Worten zum Beschreiben was das für Unmenschen sind, sie schrecken vor nichts zurück die diese Bilder aus Vorwand hinstellen um die Menschen in Angst zu versetzten. Das Ganze wird gemacht, um Menschen unter Kontrolle und fügig zu halten. Wie erreicht man das? Durch Angst!

Die aufwache Phase läuft und das Fernsehe bekommt es zu spüren, die Fernsehe Quoten laufen zurück und weniger Menschen schauen fernsehe. Sie haben Angst das die hypnotische Kiste vordem aus steht. Die Angst bei, die diese Elite ist, dass sie die Heile-Welt wie sie des Menschen verkaufen wollen nicht noch lange funktionieren wird. Doch das heißt nicht, dass die Menschen es sich nicht anschauen, aber dafür wird mehr den Social gebraucht also das Internet. Seit vier Jahren geht eine richtige Zensur durch, wahrheitsgetreue Journalisten werden regelrecht boykottiert. Doch während ich dieses Buch am Schreiben war, kam eine Nachricht von einer Social-Media das die Zensur sie lockern wollen, ob das auch für Europa gilt, ist noch nicht klar das werden wir sehen. Was wir glauben müssen, ist nur, was der Mainstream sagt und sie machen auch darüber auch Werbung wie heißt der Slogan: Fake News glaubt nur den staatlichen Mainstream krass, oder? Wenn man bedenkt, dass die größten Fakenews sie verbreiten!

Propaganda

Ist nichts weiter als versuchte zielgerichtete weitere Verbreitung, in Politische, religiöse und weltanschauliche Meinung und um die öffentliche Sichtweise zu formen und Erkenntnisse zu manipulieren und das Verhalten in eine gewünschte Richtung zu Steuern, indem man die verschiedene Seite der Thematik nicht darlegt und eine Vermischung von Meinungen. Wenn überall die gleiche Sichtweise wiedergegeben wird, wird das geglaubt. Das ist die Propaganda Technik um ein Volk so zu Steuern, wo man will, dass sie gesteuert wird und handelt!

Die Musik ist die wirkliche Musik?

Ja leider auch die Musik schreckt nicht zurück uns zu manipulieren!

Die Szenen, die in letzter Zeit sich diese Sänger darbieten ist erschreckend. Nicht nur die Lieder haben alle die gleiche Melodie sie bewegen sich auch wie Zombies! Nicht zu schweigen die Szenarien, die sie bieten oder eher gesagt die Satanistische kulturelle Rituale bis zur Anbetung das ist so scheußlich, ich habe mich noch fein ausgedrückt! Ein solcher Zustand hat man letztes Jahr bei der Olympische Spiele in Frankreich gesehen. Nachher wollen wir gar nicht darüber sprechen von den Liedertexten, die kein Sinn haben, von nicht schön eher qualvoll bis zum negativen Unwohlsein.

Aber wenn ihr mehr über diesem Thema wie Medien uns Manipulieren wissen möchtet, gib es zwei Videos die euch empfehle zu schauen, ihr könnt es über YouTube schauen oder auf mein Telegramm Kanal gehen.

Über YouTube/ Thomas Kasunic Die Macht der Medien oder Telegramm / Wissen macht uns

Kapitalismus der Überwachung und Klimawandel

Zurzeit erleben wir einen enormen fortschritt der Technologie. Das führt zu ein Menschliches Natur Bedrohung und Überwachung nur um ein paar Mächte mehr zu bereichern als sonst sie schon sind.

Des Überwachungskapitalismus trackt und formt menschliches Verhalten! Durch Big Data und andere Wirtschaftszweige, Gewinne mit Daten zu erzielen, die ohne bürgerliche Einstimmung extrahiert und verarbeitet werden, um das Verhalten hervorzusagen. Das führt zu einer destruktiven Auswirkung auf Wirtschaft und Demokratie.

Das Volk wird unaufhörlich manipuliert sei mit der Werbung zu Kaufsucht, von Dingen, die sie nicht braucht. Die Algorithmen ist eine von dieser Technologie die sie Anwenden. Algorithmen sind die reinen Anweisungen von bestimmten

Sätzen und Wörter, die zu einer Problemlösung führen.

Die Lobbyisten (Gesellschaften) haben ein reichliches Interesse der Klimawandel Probleme am Leben zu halten, durch dies, wird nicht nur ihr Reichtum erhöht auch die Macht der Kontrolle des Menschen erreicht!

Das Widersprüchliche daran ist, dass wir bombardiert werden, sorgsamer, nachhaltiger umzugehen mit der Umwelt und das Co 2 usw. Wisst ihr etwas, es geht ihnen nie um die Umwelt, sie gaukeln euch etwas vor, um ihren Kassen zu füllen und eine totalitäre Kontrolle über uns zu haben. Dass die Umwelt belastete ist, durch die Industrie und Abgase das steht außer Diskussion, aber niemals so schlimm wie sie es euch erzählen wollen. Noch etwas dazu, wenn die Umwelt so belastete, ist, warum wird immer wie mehr produziert, warum verpackt man die Sachen noch in Plastik? Oder das Elektroauto wie viel

Strom braucht dieser und nicht zu sprechen deren Batterie zu entsorgen. Das AI neue Technologie, das braucht enormen Verbrauch an Wasser und Strom. Und den (Kriegen) und deren Bomben verursachen auch

Verschmutzung und Verwüstung

Wenn schon unsere Politiker so gerne über Klimawandel sprechen, warum erwähnen sie nicht was sie über unsere Köpfe abwerfen?

Genannt wird, dieser Geoengineering dient zur Bekämpfung der Erderwärmung insofern sprüht man in den Himmel Silberjodid. Das Problem ist man hat Schwermetallen, im abfallenden Regenwasser gefunden. Wenn man Zuviel benutz, von Silberjodid ist es nicht nur gefährlich aber auch schädlich wie die Schwermetalle für den Menschen und Tieren. Also in praktischen Sinn die, die Ausrufen der Wolf kommt, der Wolf sind selbst die Wölfe! Ich meine sollten wir nicht lieber versuchen unseren Hintern zu retten als die

Erde, die kann auf sich selbst sorgen sonst würden nicht so viel Jahrzehnten Menschen hier leben können oder, aber durch ihr Angreifen laufen wir große Gefahr zu ihrer Vernichtung!

Sie machen uns Glaubhaft, dass wir an der ganzen Sache Schuld tragen
«Verschmutzen «(Manipulation) damit wir uns fügen und dadurch auch bleiben alle Steuern der Welt für das CO_2 zu Zahlen. Obschon vieles Forschers sagen das, das CO_2 gar nicht so schlimm beeinträchtigt ist. Natürlich heißt das nicht, weil sie uns Anlügen und Betrügen, dass wir nicht sorgsam mit unserer Umwelt umgehen sollen!

(Geoengineering unter WEF)

Die Lebensmittel Manipulation
Leider machen sie auch bei dem, was wir tagtäglich essen, kein halt sie Manipulierern zu wollen!

Die Gentechnologie ist eine Veränderung des Erbgutes.

Das heißt es umfasst eine neue Zusammensetzung vom DNA-Sequenzen in Vitro zum Beispiel einer Tomate. Man geht gezielt und absichtlich deren Erbgut künstlich zu verändern. Für jede Sache, die sie verändern wollen, brauchen sie ein Grund das heißt man verursacht das Problem damit sie eine Lösung bieten können, wohlgemerkt schon geplant und hier ist auch nicht anders als es bei jeglichen anderen. Der Ursprung und ihre Begründung: Damit man die ganze Weltbevölkerung bessere ernähren können und niemand Hungern wird. Leider und nicht erfreuliche Nachricht ist, dass durch diese Methode trotzdem das Problem besteht, nicht genug zu haben für alle, das andere Problem man braucht schwere Pestizide, dass für Mensch und Tiere gefährlich werden kann. Und noch dazu es trägt viele Risiken mit sich für die Gesundheit wie das Pestizid Glysosophat. Und diese Technologie schränkt nebenbei die Rechte für Bauern und Züchter. Dabei werden Ackerflächen gebraucht und man führt so weit, dass die Armen Bauern ihr hab gut verkaufen müssen oder eher gesagt vertrieben werde von dem großen Herrscher der Industrie.

Wie gesagt es geht nie um das Wohl der Weltbevölkerung aber um das liebe Geld und Macht!

**Künstliche Intelligenz und die Aufwachphase
Die Künstliche Intelligenz eilt voraus, nur die
menschliche Intelligenz bleibt auf der Strecke
liegen.**

Dias Menschlichen aufwachen geht langsam vo-
ran. Was ihr Wissen müsst ist, dass bald eine
Entscheidung auf euch zukommt, entweder du
gehörst zu der Lösung des Problems oder du
wirst zum Problem!
Viele Berufen werden bald den Abgang machen
und ich spreche nicht nur von Berufen, die mit
Schwerarbeit Belastung zu tun haben, aber auch

die ganz leichte führbare sind. Und auch Berufe die du für diese Studiert hast.

Die meisten Jugendliche verstehen es nicht oder die verneinen es und stellen sich keine Fragen dazu. Das Problem unsere Gesellschaft ist, sie akzeptiert alles, ihre selbstlose Antwort wir können nichts daran ändern, Moment mal, wenn wir viele sind, können wir Wunder bewirken.

Was ich euch jetzt erzählen möchte, wäre nicht schade wen ihr eures Gehirns einschaltet, mindestens wäre es vorteilhafter zu verstehen, nimmt es mir nicht böse auf.

Die Bankkarte: Die Dienstleistung, wie Einkaufen ist eine Bequeme

Sache und die meisten Jugendliche sind begeistert!

Denkt mal nach und wenn der Strom auf einmal nicht funktioniert, oder die Sicherheit schwankt und nicht gewährleistet ist, wie wollt ihr das Geld abheben? Wohlgemerkt, ihr könnt auch mit der Karte nicht bezahlen! Was macht ihr, wenn ihr kein Brot kaufen könnt? Darum; Bares ist immer wahres Geld! Haltet mindestens etwas Bares zu Hause auf, meinen Rat dazu. Die Macht und für uns die Ohnmacht!

Das, was sie voraussichtlich im Sinn haben, das wir uns eines Chips implantieren lassen müssen *(Manipulation)* um überhaupt zu Dienstleistungen zu gelangen.

Und sehr wenigen werden dieses Unterlassen, da es um Leben Existenz geht. Denn Sinn dieses Unsinnes besteht immer und immer wieder, um Kontrolle zu haben sei gesundheitlich, finanziell und gesellschaftlich. Und damit geht auch den Rest unsere Demokratie den Bach runter. Die neue Weltordnung!

Bibel (Offenbarung 13,14)
Vom Schatten zum Licht (Ellen G. White)

**Die Büchse der Pandora wurde geöffnet.
Mit diesem Titel will ich euch zu einem be-
stimmten Thema führen. Was bedeutete den
Titel?**

Es bedeutet das jemand Unheil oder Schaden
anrichtet. Das, was euch ich erzähle, könnt ihr
abtun oder ansehen als ein Märchen aber wartete
ein Augenblick und wenn es der Wahrheit ent-
spricht? Ihr müsst mir nicht glauben das Beste
wäre stellt euch fragen und forscht selbst nach!
Terroristen/ Terrorismus, nachdem lateinischen
Begriff Terror versteht man Schrecken. Vom
Wörterbuch aus wird dieses Wort so ausgelegt:
Schwermut, durch Traurigkeit, Mutlosigkeit mit
innerer Leere gekennzeichneter lähmender Ge-
mütszustand.
Der Terrorismus wurde ins Leben gerufen um
eine bestimmte Aufgabe oder um eine Ablen-
kung zu verschaffen. Die Völker mit Angst zu
kontrollieren. Wie ihr seht, geht es immer um

die Kontrolle! Da ja, für einen Krieg immer ein Grund braucht, braucht es auch eine Rechtfertigung gegenüber dem Volk. Und so entsteht und wurde erfunden die Terroristen, die werden an allem die Schuld tragen. Und alles, was die Elite und unser Politkern führt, um einen Krieg anzufangen, steht nie das Volk im Vordergrund, aber immer um das liebe Geld, Öl und Macht.

Also um die Völker unter Kontrolle zu halten, versetzt man sie in Angst und die Terroristen kommen da ganz gut gelegen!

Die Gesellschaft ist zu einer Gesellschaft geworden, die sich stets

Verteidigen muss. Weil es immer einen dauerhaften Feind gibt, der man sich Verteidigen muss!

Auch wenn in unsere aktuelle Gesellschaft nicht in eine Wahre und eigne physische Gewalt ausgesetzt sind, werden wir kontinuierlich von einer Wahrnehmung der Bedrohung der öffentlichen Meinung belagert.

Damit das Volk in eine subtile Art und dauer-
hafte Wirksamkeit der Zustimmung der Maß-
nahmen zustimmen. Es wäre sonst Umdenkbar
deren Zustimmung zu erlangen!

Strategie des Diskreditierens

Diskreditieren versteht man unter herabwür-

digen, schlechtmachen abwerten.

Die Diskreditierung wird vorgenommen, wenn
jemand eine andere Meinung hat und sie es auch
vertritt, um die Völker Masse nicht zu einer fra-
gende kritische Völker Masse entwickeln zu lassen, wird diese Strategie angewendet. Das geht
so weit des Menschen, die eine Kritik oder sich
Hinterfragen und eine Meinung äußern, werden
mit Aluhüten, Verschwörer Theoretikern bis zu
No-Vax und Rassisten betitelt. Die Angst liegt,
dass sich das Volk sich Hinterfragen könnte und
womöglich sich eine eigene Meinung bilden und
kritisch wird.

Somit erreicht man mit dieser Strategie das Schweigen der Stimmen.

Schlussendlich will das System ein Volk der schweigt, alles mitmacht und Ignorant bleibt!

Ein Mensch der seine Meinung äußert, gefährdet niemals die Demokratie.

Die Demokratie gefährden nur diejenigen Menschen, die verbieten wollen, dass ein anderer seine Meinung frei äußert.

Das Chaos und ihr Ziel

Durch organisierten Chaos einen Überwachungsstaat aufbauen!

Das Ziel vom Chaos ist eine wohlbedacht und Verursacher Strategie, Unruhe und Kriminalität bis einen gewissen Grad zu befürworten, damit man eine freiwillige Kontrolle des Menschen erlangen kann. Die Merkmale des Chaos sind durch Propaganda, Beispiel Rassismus oder eine Überflutung von Emigranten, die sehr wahrscheinlich nicht ihr Land verlassen müssen, wegen des Kriegs. Und ganz zum Schweigen von Chaotischen organisierten Demos. Und das Chaos wird soweit gefordert bis zum unermesslichen.

Das soll dienen das die Völker sich ersehnen werden eine Veränderung im Lande, dass Ziel ist, erreicht.

Sie verursachen das Problem, damit sie uns die Lösung des Problems präsentieren können!

Und das ist bei vielen bis jetzt der Fall gewesen ein Beispiel davon ist Corona

Virus **Problem** Impfung **Lösung.**

Ihr Ziel ist, das wir uns freiwillig für einen Überwachungsstaat einwilligen (Manipulation durch Chaos). Der Überwachungsstaat kann hinausgehen bis zu einem Staat mit Besetzung von Militär und zur Überwachungskamera.

Dies ist schon Realität in einem Teil von China, das Kontrollieren geht so weit, dass sie ein Punktsystem haben der durch Strafe und Belohnung läuft.

Noch zum Erläutern es ist nicht, ein dienst für die Bevölkerung zu Schützen eher die Freiheit zu berauben und zu legitimieren die kontrollieren in jedes Lebens Ereignis.

.

Die Strategie des gekochten Froschs Felix

Stellt euch vor einen Topf mit Kaltem Wasser und man stellt den Frosch Felix hinein. Für Felix ist es sehr gemütlich und schwimmt umher. Den Kochherd wird eingestellt auf eine sehr niedrige Stufe und es wird langsam lauwarm, aber für ihm ist es sehr angenehm, gemütlich, schwimmt umher, und plätschert vor sich hin. Die Stufe erhöht sich weiter, aber Felix bemerkt es nicht, er empfindet es immer noch gemütlich. Die Hitze steigt noch ein bisschen, aber Felix beklagt sich nicht, er fühlt sich immer noch wohl, schliesslich hat er gelernt zu warten. Die Hitze steigt, noch eine Stufe weiter, doch für Felix fühlt sich das immer noch weiterhin gut an. Doch die Hitze steigt noch höher, zur unermesslichen. Als er endlich hinauszuspringen wollte, war er zu schwach für das Hinausspringen. Und jetzt liegt Felix tot im Kochtopf.

Meine Frage an euch ist es nicht auch so in unsrem Leben, das wir warten und warten, dass bessere Zeiten kommen und handeln nicht.

Das nicht Mitmachen wäre den Anfang, sodass wir nicht dasselbe Schicksal erleiden müssen wie den gekochten Frosch Felix

Eine aufgewachte Welt

Wir brauchen Selbstbewusste aufgeweckte Menschen, die sich nicht auf die Füße trampeln lässt. Eine Weltbevölkerung, die dieses System knackt und einen gewaltlosen stillen Widerstand setzt. Jedoch mit einer zivilisierte und ruhige Art ohne Chaos zu verursachen. Obschon sie uns für die Weltprobleme immer eine Lösung zur Hand haben, sind deren Ergebnis (Lösung) immer unmoralisch!

Die decken sich nie ab mit dem Wohlergehen der Menschen und Tieren und der Umwelt! Dabei handelt sich um eine kleine Gruppe (Elite) von Finanzriesen Black Rock und Vanguard die alles kontrollieren von Lebensmittel bis zur Pharmaindustrie, Banken und Big Tech kommt auch dazu. Und noch eine alte Dynastie von einer Machtpyramide, die ihre eigene Vorstellung haben die Welt zu beherrschen und zu

kontrollieren. leider haben wir mit Kranken psychosomatische dementen Wesen zu tun! Und letztendlich sind die Weltpolitiker nicht anders als die Marionetten dieser Gesellschaften(Elite.) Und da ich glaube deren Krankheit behandlungsfähig ist, müssen wir als Volk sie Behandeln und eine Änderung herbeirufen!
Ich wünsche mir, mehr aufgeweckte selbstbewusste Menschen in dieser Welt.

Die größte Täuschung liegt darin, das Böse nicht für möglich zu halten. Und daran scheitert das Erwachen!

Ich glaube, dass die Erkenntnis der Wahrheit nicht in erster Linie eine Sache der Intelligenz, sondern des Charakters ist.

Erich Fromm

Das Karma

Viele nehmen dieses Wort in den Mund, ohne zu wissen ihre richtige Bedeutung. Karma bezeichnet ein spirituelles Konzept, nachdem jede Handlung physisch wie geistlich eine Folge hat. Karma ist das Endresultat von dem, was du zur Welt wieder gibst. Also wenn du gutes gibst, wirst du auch gutes erhalten. Und wiederum, wenn du schlechtes gibst, wirst du auch schlechtes erhalten. Das Universum gibt dir das zurück, was du gibst. Wenn du Barmherzigkeit Liebe Hilfsbereitschaft verteilst, dann kommt dieser auch auf eine Art wieder zurück zu dir. Aber wenn du schlechtes und Boshaftigkeit verteilst, dann wirst du die auch zurückbekommen.

Denn was der Mensch sät, das wird er auch Ernten.

Galater 6.7

Karma ist mit der biblischen Lehre verwandt» Wie du säst so erntest du» Wird jedoch als natürliches gesetzt das Universum verstanden, und nicht von einer übernatürlichen Gottheit verhängt, denn Karma ist eine Lehre der moralischen und psychologischen Kausalität. Gott gestaltet das Universum nach einigen grundlegenden Prinzipien, von denen in der Bibel erwähnt werden.

Liebe verbindet und wärmt die Herzen
Liebt dich, um anderen zu Lieben.

Es vermag egoistisch klingeln aber, das ist es nicht, überlegt mal, kann man Liebe geben, wenn man sich selbst nicht liebt? Nein die Liebe muss man sich erst selbst Beschenken, damit man den Wert der Liebe erkennt und ihm weitergeben kann!

Wisst ihr, was wir bewirken können, wenn wir alle die Schwingung der Frequenz der Liebe aussenden würden? Damit würden wir gesundheitliche Vorteile haben und eine Aktivierung des höheren Bewusstseins erlangen. Die Frequenz der Liebe schlägt auf 528 HZ. Auf die spirituelle Ebene der Seele ist dies, die höchste Schwingung.

Die Zeit zieht, mit dieser auch eine schwere Phase. Und das für die ganze Welt. Wir sind gerade am Anfang, was uns erwartet wissen wir nicht, in den nächsten Jahren, aber was wir uns

am Herzen legen können, ist das wir unsere Mitmenschen wohlwollend gegenüber treten, die
Zeichen sprechen für sich darum seit zueinander
Barmherzig und hilfsbereit. Und strahlt Liebe
aus. Und begegnet eure Mitmenschen mit einem
Lächeln, dies kann Wunder bewirken außer noch
das Immunsystem verstärken. Darum: **Vergiss
nicht zu lachen!**

*Das Geheimnis des Glücklich sein ist nicht das
akkumulieren, aber das Teilen von bedin-
gungslose Liebe.*

Die Liebe hat Geduld. Liebe ist gütig. Sie kennt kein Neid. Sie macht sich nicht wichtig und bläst sich nicht auf; sie ist nicht taktlos und sucht nicht sich selbst; sie lässt sich nicht reizen und trägt nicht Böse nach; sie freut sich nicht, wenn Unrecht geschieht, sie freut sich, wenn die Wahrheit siegt.

1 Korinther 13,4-7

,Nachdem ihr das gelesen habt, vergisst Bitte nicht zu lachen!

Wir müssen vom Salat lernen.

Er hat sein Herz im Kopf

E. W Heine 1940

Das wahre Reichtum verweilt im Herzen, von denen die, die Gabe haben bedingungslos zu Lieben.

Liebe Leser

Wenn ihr bis hier angekommen seid, heißt das ihr mein Buch gelesen habt, ich hoffe, ich konnte euch ein Einblick in der Welt der Manipulation verschaffen.

Ich lege euch ans Herz, geht mit eurem Mitmenschen barmherzig, hilfsbereit und mit voller Liebe um. Die Zeiten sind nicht immer schön um uns herum, aber wir können es er tragbarerer machen, indem wir sorgsamer Miteinander Umgehen.

In der nächsten Seite werdet ihr ein Inhaltsverzeichnis finden, wo ihr Videos oder Bücher zu diesen Themen lesen könnt.

Ich bedanke mich an alle die mir zugesprochen und aufgemuntert haben zu schreiben, ohne sie wäre ich nicht so weit gekommen. Einen herzlichen Dank.

Mit Liebe von ganzem Herzen eure

Luisa

Bücher

*Das Zeitalter des Überwachungskapitalismus
Shoshana Zuboff*

Resilienz ist erlernbar Brigitte Eberle

*Erfolgreich Kommunizieren Einführung in der
NLP Jerry Richardson*

Fake News Enrica Perrucchetti

*La Fabrica della Manipolazione Enrica Perruc-
chetti*

Manipolazione Mentale Tommaso Ferrari

Die vierte industrielle Revolution Klaus Schwab

Die schöne neue Welt Aldous Huxley

Georg Orwell 1984

Fahrenheit 451 Ray Bradbury

Vom Schatten zum Licht Ellen G. White

*Reality Transurfing Die zwei Gesichter der Re-
alität Vadim Zeland*

*Realty Transurfing Die Realität auf dem Kopf
gestellt Vadim Zeland*

Tu, was dir am Herzen liegt Andrew Matthews

Der Fall der Kabbala von Jeanet Osssbaad ein 28-teiliges Dokumentar auf YouTube (Nicht geeignet für Schwachen Herzen)

Die Macht der Medien Thomas Kasunic auf YouTube

Ebenfalls könnt ihr alles das in meinem kostenlosen Telegramkanal euch das anschauen unter Wissen macht uns frei. Dabei sind weitere Berichte und Videos zu sehen.